4L

L'USINE

DE CANÉJAN

(GIRONDE)

M. Victor DUPRAT, fondateur et propriétaire.

M. Léon HERNANDEZ, ingénieur civil, directeur.

BORDEAUX
IMPRIMERIE GÉNÉRALE DE Mme CRUGY
rue et hôtel Saint-Siméon, 16.

1861

F

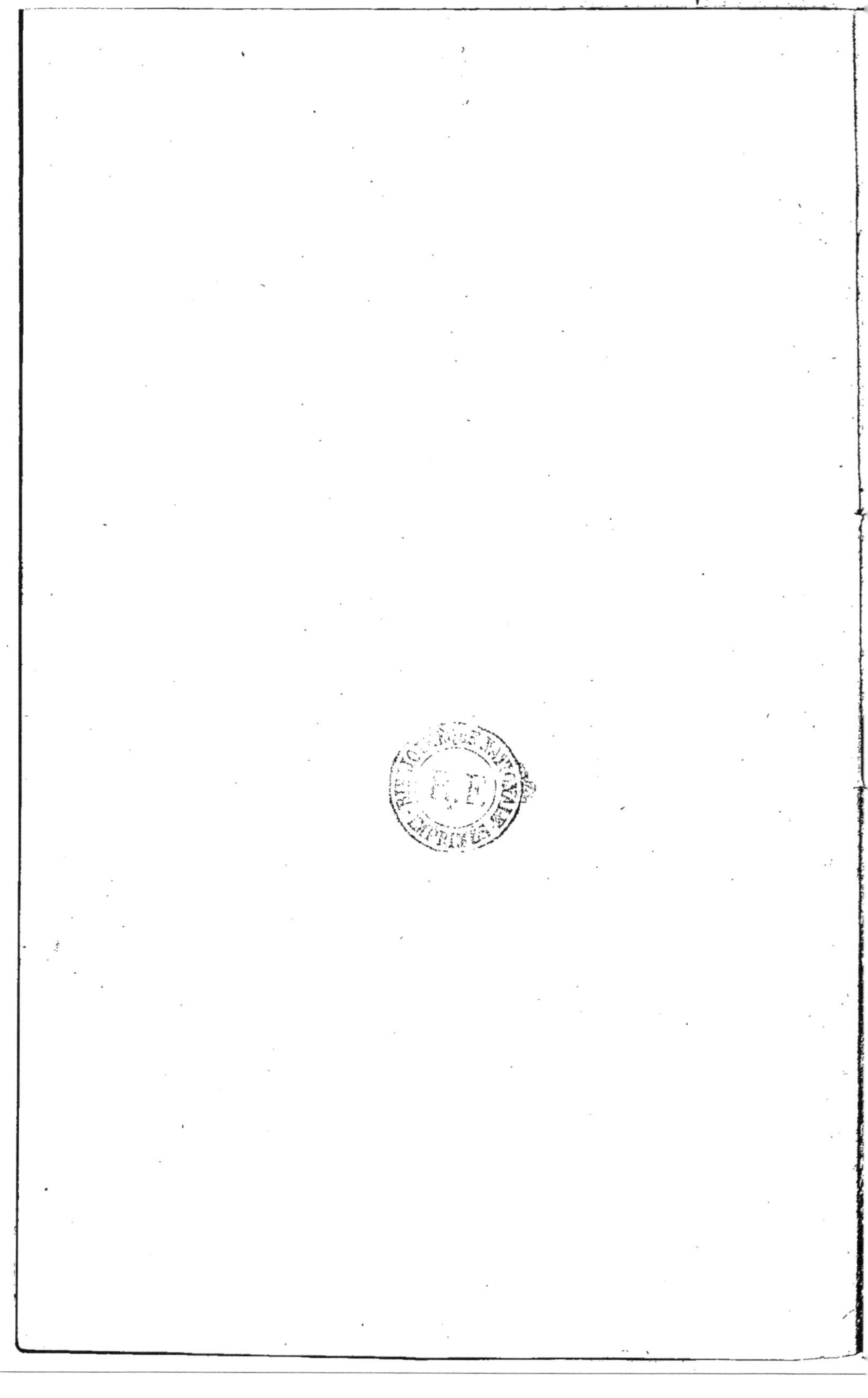

L'USINE DE CANÉJAN

(GIRONDE)

Qu'est-ce que l'usine de Canéjan ? Quelle est son utilité ?

Que peut-elle produire ?

A quoi on peut répondre que non-seulement l'usine de Canéjan est un des plus vastes et des plus importants établissements de céramique de la France, mais encore qu'elle réalise ce qu'aucun établissement de ce genre n'a réalisé jusqu'ici, en offrant aux grandes industries des briques réfractaires et des creusets tels que la Belgique, l'Allemagne et l'Angleterre n'en peuvent offrir de supérieurs.

Grâce donc à M. Victor Duprat, qui a fondé l'usine de Canéjan au prix des plus grandes difficultés, la France ne sera plus tributaire des nations étrangères, avantage immense pour notre industrie française.

Voilà ce qu'est l'usine de Canéjan et quelle est son utilité.

Quant à son importance, elle peut produire un million de briques réfractaires et un million de creusets par année ;

Ce qui, au début de cet important établissement, constitue déjà une fabrication considérable.

Du reste, les faits sont là pour dire, mieux que toutes les phrases, l'importance, l'utilité, les services, le présent et l'avenir de cette grande industrie dont M. Victor Duprat a doté le pays.

Une visite fut faite à l'usine de Canéjan, au mois d'août dernier, par notre honorable professeur à la Faculté des Sciences de Bordeaux, M. Baudrimont, qui, après avoir constaté les importants travaux opérés par M. Victor Duprat, écrivait, dans le journal *la Gironde*, les lignes suivantes :

« M. Victor Duprat a installé, sur sa propriété de Canéjan, une usine très-importante où, par suite de procédés bien combinés, il est parvenu à fabriquer des briques réfractaires d'une excellente qualité, et qui donnent l'espoir certain de voir la France soustraite au tribut qu'elle paie à l'Angleterre pour ce produit, qui est la base de presque toutes les industries. »

Quelques jours après, l'éminent professeur de chimie entretenait l'Académie impériale de Bordeaux des observations qu'il avait recueillies, et déposait entre les mains de ce corps savant des échantillons des divers produits de cette usine. L'Académie, en les acceptant, a remercié M. Baudrimont de son importante communication.

Citant les paroles de M. Baudrimont, le *Courrier de la Gironde* peu de jours après, ajoutait :

« Nous avons visité nous-même la belle usine fondée à Canéjan par M. Victor Duprat, et nous pouvons dire qu'il est résulté de cet examen approfondi et sérieux, fait en compagnie de savants et d'hommes spéciaux, la conviction que le succès se trouvera au bout de tous les sacrifices faits depuis plus de deux ans par M. Victor Duprat pour soustraire notre pays à l'espèce d'infériorité dans laquelle il se trouvait jusqu'ici, au point de vue de cette industrie, vis-à-vis de l'Angleterre.

» Ce que nous avons surtout admiré, c'est la belle machine à compression qui donne aux produits de l'usine de M. Duprat une supériorité extraordinaire. — Cette machine, pour laquelle M. Duprat a un brevet, donne à la brique réfractaire de Canéjan une dureté et une qualité qu'aucune brique réfractaire belge ou anglaise ne peut avoir. M. Victor Duprat joint ici, à la qualité supérieure de la matière première, la supériorité d'un procédé dont lui seul peut user.

» Nous prédisons aux travaux et aux efforts de M. Victor Duprat un succès aussi complet que possible. — Fils de famille, jeune et riche, au lieu de dépenser sa vie, comme la plupart des jeunes hommes du siècle, en folies ruineuses, il a préféré lui donner un but utile, et travailler, en sacrifiant des capitaux considérables, à doter la France d'une industrie qui doit rendre les plus grands services.

» Nous reviendrons avant peu sur cette grave matière. » (A. Bourgouin.)

A ce moment, le Congrès scientifique de France allait se réunir à Bordeaux pour sa 28e session. L'attention de ce corps savant se porta tout naturellement sur l'important établissement créé par M. V. Duprat, et mit dans son programme la question suivante :

Comparer les briques réfractaires belges et anglaises avec les argiles fournies par les landes de Bordeaux.

Sur l'invitation qui lui en fut faite par le Congrès scientifique de France, M. V. Duprat lut, dans une des séances, un mémoire que nous croyons devoir reproduire ici, en l'empruntant aux *Actes* du Congrès :

« Messieurs,

» Pénétré de la grande utilité de la brique réfractaire, j'ai fait des efforts considérables, en compagnie d'hommes spéciaux, pour essayer d'en doter mon pays. Chacun sait effectivement que nous sommes tributaires de l'Angleterre et de la Belgique ; qu'il y avait une importance réelle à fabriquer en France.

» Il existe, autour de Bordeaux, un grand nombre de gisements d'argiles ; mais ces argiles sont très-variées ; il en est plusieurs qui sont loin de posséder les propriétés qui leur permettent de résister au feu.

» Après bien des recherches, j'ai reconnu une localité possédant une argile qui m'a paru d'une qualité tout à fait supérieure ; j'y ai fondé un établissement sur une très-vaste échelle pour fournir aux besoins du pays. Cet établissement est susceptible de prendre tout l'accroissement désirable.

» Après un grand nombre d'essais, je suis enfin parvenu à obtenir des produits qui peuvent lutter très-avantageusement, tant sous le rapport de la qualité que sous celui de la perfection des formes, avec les meilleurs produits étrangers.

» En outre de mon procédé particulier de fabrication qui m'a conduit à l'espoir certain de soustraire notre pays à l'espèce d'infériorité dans laquelle il se trouvait jusqu'ici au point de vue de cette industrie vis-à-vis de l'Angleterre, j'ai ajouté la compression, qui s'opère au moyen d'une machine spéciale et brevetée, laquelle, n'étant employée que lorsque les briques ont déjà atteint une certaine consistance, en rectifie la forme, en même temps qu'elle augmente la cohérence de leurs parties.

» Poussé par l'esprit d'investigation et animé de plus en plus du désir de me rendre utile à mon pays, je n'ai point voulu que mes travaux se bornassent exclusivement à la fabrication des briques réfractaires, et, dirigeant alors tous mes efforts vers un produit non moins indispensable à l'industrie, les creusets, j'ai été assez heureux, à force de soins, pour en obtenir qui ont l'avantage considérable de pouvoir se chauffer brusquement sans se fendre ni entrer en fusion. Des essais plusieurs fois renouvelés ont été faits par M. Baudrimont, à la Faculté des Sciences, au laboratoire de chimie, et des creusets fort minces sont restés intacts après avoir supporté une température à laquelle la porcelaine se ramollit et commence à entrer en fusion ; leur résistance, en un mot, a été plus grande que celle des meilleurs creusets, sans en excepter ceux de Hesse.

» Des spécimens de briques et de creusets sont déposés au laboratoire de chimie, à la Faculté des Sciences, pour les membres du Congrès qui désireraient les examiner et reconnaître par eux-mêmes l'excellence de ces deux produits.

» Si ce n'était trop demander, Messieurs, je prierais le Congrès de vouloir bien nommer une commission pour venir visiter mon établissement, situé à Canéjan. »

Le procès-verbal du Congrès, publié également dans les *Actes* du Congrès et redit par les journaux de cette époque, traduisait en peu de mots l'impression toute favorable que la lecture de ce mémoire et tout ce qu'avait dit M. Victor Duprat avait produit sur cette imposante réunion de savants venus de tous les pays :

« M. Duprat lit un mémoire dans lequel il compare les briques réfractaires des landes de Bordeaux à celles de l'Angleterre et de la Belgique.

» Il explique toutes les recherches qu'il lui a fallu faire dans la Gironde, avant d'arriver à rencontrer une terre dont la composition lui offrît l'espérance d'une réussite ; — il produit à l'assemblée plusieurs creusets de la meilleure composition, qui sortent de sa fabrique.

» Cette usine, montée sur une très-vaste échelle, fut créée, dès le principe, dans l'intention de rivaliser avec les produits belges et anglais pour les briques réfractaires seulement ; mais, après avoir été couronnée d'un plein succès, elle s'est successivement étendue et est arrivée à produire des creusets d'une irréprochable confection, et qui peuvent lutter très-avantageusement avec les meilleurs produits étrangers.

» M. Duprat prie la section de nommer une commission chargée de visiter son établissement.

» Désireux de conduire cette industrie à son plus haut perfectionnement, il recevra avec reconnaissance les observations qui lui seront faites.

» L'intelligence et le bon vouloir de notre honorable et jeune collègue sont des garanties qu'il conduira à bonne fin et qu'il fera progresser une industrie dont nous sommes jusqu'à présent tributaires de l'étranger. Ce sera un important service rendu au pays.

» Sont nommés membres de la commission :

» MM. le baron David, vice-président, ancien ministre plénipotentiaire, Baudrimont, Trimoulet, Rive. »

Le lendemain, la commission allait remplir son mandat, et, le soir, le rapport de cette visite était fait au nom de la commission par M. le baron David :

Rapport

Rapport de M. C.-E. David, vice-président.—Visite à l'établissement de céramique de M. Duprat, situé à Canéjan.

« Bordeaux, le 24 septembre 1861.

» Messieurs,

» Chargé par mes honorables collègues, MM. Baudrimont, Villemsens, Trimoulet et Rive, de rendre compte à la deuxième section du Congrès scientifique de France de la visite que nous venons de faire à l'établissement de céramique en briques et creusets réfractaires de M. Duprat, situé près de Bordeaux, dans la commune de Canéjan, je viens en peu de mots, Messieurs, m'acquitter auprès de vous de cette tâche, rendue facile, je vous l'avoue, par l'impression toute favorable que cette visite a produite en nous.

» En effet, c'est avec une bien vive satisfaction que nous avons, mes collègues et moi, constaté que, dans tout ce qui a été dit par M. Duprat, dans son intéressante notice, relativement à l'intelligent emménagement de son usine et à la bonté de ses produits, il n'y avait rien d'exagéré, mais qu'au contraire M. Duprat était peut-être resté au-dessous de la vérité.

» Nous avons particulièrement remarqué l'ampleur bien entendue des hangars destinés à abriter la marchandise, et permettant aux nombreux ouvriers qui la façonnent d'y travailler librement et à couvert, dans les mauvais temps. La machine à compression, à l'usage de la brique, des carreaux, etc., pour laquelle M. Duprat a un brevet; les deux fours servant à la cuisson de la terre, construits dans des proportions très-amples et inusitées jusqu'à ce jour; et enfin, pour compléter ce bel ensemble, les logements encore en construction, mais très-avancés, des nombreux travailleurs qu'occupe ce vaste établissement, et qui lui donneront l'aspect d'une petite colonie, ont fixé ensuite notre attention et excité à un haut point tout notre intérêt.

» Établi dans de pareilles conditions, et avec tous les éléments de réussite qu'il possède, nous ne doutons pas que ce bel établissement ne prospère d'une manière certaine.

» En conséquence, nous serions heureux, mes collègues et moi, que les membres de la deuxième section voulussent accueillir favorablement le vœu que nous émettons, que des encouragements et des remercîments soient décernés à M. Duprat, pour les brillants résultats déjà obtenus par lui, et pour avoir fait faire, si jeune encore, et au prix de grands sacrifices, un pas immense à cette branche de l'industrie plus ou moins négligée jusqu'à ce jour, et qui peut être si profitable à notre pays, en l'affranchissant du tribut qu'il paie encore à l'étranger.

» J'ai d'ailleurs exprimé le désir à M. Duprat qu'il me remît une petite collection raisonnée de tous ses produits, surtout de ses briques réfractaires comparées à celles de Belgique et d'Angleterre, afin de fixer aussi l'attention de notre Gouvernement sur ses remarquables produits.

» Baron DAVID,
» officier de la Légion d'Honneur, ancien ministre plénipotentiaire. »

Restait maintenant à M. Victor Duprat de satisfaire au vœu exprimé par l'honorable rapporteur de la commission du Congrès scientifique de France.

Il fallait montrer aux yeux de tous qu'il y avait là plus que des espérances, mais une réalisation complète et positive.

C'est pour cela que les plus importants établissements industriels de Bordeaux furent mis à contribution pour établir, au point de vue pratique le plus absolu, un sévère et consciencieux parallèle entre les meilleurs produits étrangers et ceux de l'usine de Canéjan.

Voici, entre autres, quelques certificats qui attestent le succès complet obtenu par ces divers établissements en faveur des produits réfractaires de M. Victor Duprat, mis en parallèle avec les meilleurs produits étrangers employés jusqu'ici dans les grandes industries, et dont la renommée est européenne :

« Le soussigné, Hugues Gros, directeur des Forges de la Gironde, de MM. Holagray et Alary, sur la demande de M. Victor Duprat, déclare avoir essayé, dans les fours à souder, les briques provenant de son usine, située à Canéjan (Gironde);

» Que ces briques ont été mises, non maçonnées, en contact avec le plus grand feu, et qu'après quatre jours consécutifs de marche, il a dû reconnaître que les briques de la fabrication de M. Victor Duprat n'avaient subi qu'une faible altération; que les mêmes essais ont été faits en même temps, dans ces mêmes fours à souder et dans les mêmes conditions, sur les briques anglaises marque Cowen (qui passent pour les meilleures), et ont donné pour résultat une infériorité réelle, vu qu'elles ont presque disparu au bout de deux jours.

» En foi de quoi le soussigné déclare et délivre à M. Victor Duprat le présent certificat en faveur de la supériorité de ses produits.

» Bordeaux, le 23 octobre 1861.

» Pour MM. HOLAGRAY et ALARY,

» *Signé :* HUGUES GROS. »

Vu pour légalisation de la signature de M. H. Gros.

Bordeaux, le 23 octobre 1861.

Signé : HOLAGRAY et ALARY.

Vu pour légalisation de la signature de MM. Holagray et Alary.

Bordeaux, le 25 octobre 1861.

Le Commissaire de police,

Signé : SORLET.

Vu pour légalisation de la signature de M. Sorlet, commissaire de police du 8e arrondissement.

Bordeaux, le 29 octobre 1861.

Le Commissaire central,

Signé : CHAUVIN.

Vu pour la légalisation de la signature de M. Chauvin, commissaire central.

Bordeaux, le 29 octobre 1861.

Pour le Préfet de la Gironde :

Le Secrétaire général délégué,

Signé : LEFEBVRE.

« Sur la demande de M. Victor Duprat, nous avons essayé, dans nos fours à verrerie à bouteilles, deux briques réfractaires, l'une anglaise, de M. Stephenson, de New-Castle; l'autre, de M. Victor Duprat, faite avec la terre de son usine, située à Canéjan (Gironde).

» L'une et l'autre, et côte à côte, ont été soumises à la chaleur la plus intense de nos fours, et y sont restées cinq jours et cinq nuits et en contact avec la volatilisation des sels émanés de nos creusets à verre.

» Nous déclarons qu'après un minutieux examen de ces briques à la sortie de nos fours, la brique de M. Victor Duprat a une supériorité incontestable sur la brique anglaise soumise au même essai, tant parce qu'elle a moins été attaquée par le feu que parce qu'elle a parfaitement résisté au brusque changement de température, puisque la brique anglaise s'est cassée à la sortie de nos fours, et que la brique de l'usine de Canéjan n'a pas témoigné la moindre brisure.

» En foi de quoi nous avons délivré le certificat ci-devant en faveur de l'excellence de la brique de l'établissement de Canéjan.

» Bordeaux, le 23 octobre 1861, Verrerie Cash et Comp.

» *Signé :* Cash et Comp. »

Vu pour la légalisation de MM. Cash et Comp. apposée ci-dessus.
Bordeaux, le 23 octobre 1861.

Le Commissaire de police,
Signé : Lecler.

De même que pour le précédent certificat, existe la légalisation de M. le Commissaire central et du Secrétaire général délégué par M. le Préfet de la Gironde.

Les certificats ci-après sont dans les mêmes conditions :

« Bordeaux, le 27 octobre 1861.

» L'ingénieur civil soussigné, directeur de la Compagnie impériale et continentale du Gaz, déclare avoir exposé pendant huit jours, au feu le plus ardent d'un des fourneaux de l'usine, une brique réfractaire fournie par M. Victor Duprat, et qu'à l'expiration de ce temps, ladite brique a été retirée entièrement saine, sans fentes aucunes.

» La présente déclaration est délivrée à M. Victor Duprat sur sa demande.

» *Signé :* N. Da Costa,
« ingénieur civil. »

Vu pour légalisation......
(Toutes régulièrement faites.)

Là s'arrête le certificat délivré par M. Da Costa ; mais nous y trouvons la note ci-jointe :

« Moi, Victor Duprat, propriétaire et fondateur de l'usine de Canéjan, atteste sur l'honneur qu'en même temps, le même nombre de jours et à la même condition d'exposition au feu, ont été mises dans un des fourneaux de l'usine à gaz une brique anglaise marque Cowen et une de mes briques sortant de mon usine de Canéjan ;

» Que M. le Directeur du Gaz de la Compagnie anglaise s'est refusé à établir, dans le certificat ci-contre, le parallèle entre la brique anglaise et celle de mon usine française, attendu que la brique anglaise marquait infériorité réelle en présentant à sa face et dans son intérieur grand nombre de fissures et un commencement de destruction, tandis que la brique de mon usine de Canéjan paraissait n'être pas encore assez cuite et ne témoignait, par conséquent, nulle dégradation.

» M. Da Costa m'a seulement délivré un certificat en faveur de l'excellence de mes produits.

» Bordeaux, le 27 octobre 1861. (Note pour être annexée au certificat de M. N. Da Costa.)

» *Signé :* Victor Duprat. »

Voilà pour la brique réfractaire.

Pour ce qui est des creusets, M. Victor Duprat n'a pas non plus redouté de s'adresser aux hommes qui, par leur position élevée, étaient plus à même qu'aucun autre d'apprécier à leur juste valeur des produits d'une aussi difficile réalisation.

« M. Baudrimont, chevalier de la Légion-d'Honneur, professeur à la Faculté des Sciences de Bordeaux,

» Déclare et certifie avoir essayé des creusets de l'usine de M. Victor

Duprat, située à Canéjan (Gironde), et qu'ils ont résisté au feu le plus violent qu'il a pu produire dans un fourneau à vent.

» Les creusets, soumis au feu dans une enveloppe de même nature que la leur, n'éprouvent pas le moindre changement. Dans les mêmes conditions, le feldspath entre en fusion ; la porcelaine, et même les creusets de Hesse, éprouvent un commencement de fusion.

» Il ajoute, en outre, que les creusets de M. Victor Duprat peuvent subir de brusques variations de température sans se rompre.

» Bordeaux, le 21 octobre 1861.

» *Signé* BAUDRIMONT. »

Vu pour la légalisation de la signature de M. Baudrimont.
Bordeaux, le 22 octobre 1861.

Le Commissaire central,
Signé : CHAUVIN.

Vu pour légalisation de la signature de M. Chauvin.
Bordeaux, le 29 octobre 1861.

Pour le Préfet de la Gironde :
Le Secrétaire général délégué,
Signé : LEFEBVRE.

« Le soussigné, Oury (Pierre), essayeur du commerce et de la garantie de Bordeaux, sur la demande de M. Victor Duprat, déclare avoir essayé et éprouvé, à la plus haute température qui soit en son pouvoir et par les fondants les plus actifs, deux creusets sortant de son usine située à Canéjan (Gironde) ;

» Certifie avoir fait plusieurs fontes de matières d'or et d'argent, laissant refroidir les creusets à chaque opération ; et, de nouveau, avoir fondu, dans ces mêmes creusets, un minerai sulfure de fer amalgamé avec du sel de verre et du salpêtre brut, et cela avec excès ; que toutes les matières ci-dessus indiquées sont entrées en pleine fusion ; qu'elles ont été versées, et qu'après avoir subi toutes ces épreuves, les creusets se trouvent prêts à resservir.

» En foi de quoi, le soussigné délivre à M. Victor Duprat le présent certificat en faveur de l'excellence de ses produits, qu'il reconnaît supérieurs à tous ceux employés par lui jusqu'à ce jour, y compris même les creusets d'Allemagne.

» Bordeaux, le 18 octobre 1861.

» *Signé :* OURY. »

Vu pour la légalisation, etc.

« Nous, soussignés, déclarons avoir fait nos fontes d'or, d'argent et de résidus d'atelier dans les creusets fournis par M. Victor Duprat, et sortant de son usine située à Canéjan (Gironde).

» Nous certifions, en outre, que, depuis plus de six mois, nous nous servons exclusivement des mêmes creusets, et qu'ils résistent au feu d'une manière remarquable et bien supérieure à tous les creusets connus.

» En foi de quoi, nous délivrons à M. Victor Duprat le présent certificat.

» *Signé :* PETIT et CABROL,
» Fabricants bijoutiers joailliers.

» Bordeaux, le 5 novembre 1861. »

(Suivent les légalisations parfaitement régularisées.)

« Nous, soussignés, déclarons avoir éprouvé un creuset provenant de l'usine de Canéjan (Gironde).

» Après avoir coulé le bronze qu'il contenait, le creuset a été exposé à un courant d'air où il a froidi ; il a résisté à la brusque transition de l'atmosphère.

» Il est en état de resservir.

» Nous n'avons jamais obtenu ce résultat avec les creusets blancs de Picardie.

» En foi de quoi, nous délivrons le présent certificat.

» Bordeaux, le 19 novembre 1861.

» *Signé :* COUSIN frères. »

Forges et Fonderie
de Bacalan.

(Suivent les légalisations).

Nous ferons remarquer que, parmi ces certificats, tous revêtus de la plus haute authenticité, l'un est signé par le représentant anglais d'une grande Compagnie anglaise, M. N. Da Costa.

Nous dirons, en terminant, que l'usine de Canéjan se met à la disposition de tous les intéressés pour les expérimentations qu'ils pourront juger utiles à l'effet de se rendre compte par eux-mêmes de la supériorité de ses produits.

Que les intéressés remarquent bien que, pour obtenir l'étonnante supériorité des produits réfractaires de l'usine de Canéjan, il est indispensable que, dans leur demande, ils expliquent l'emploi auquel ces produits sont destinés.

S'adresser, pour tous les renseignements, à M. Léon Hernandez, *ingénieur civil, directeur de l'usine de Canéjan, à Canéjan* (Gironde), *près Bordeaux.*

MARQUES PARTICULIÈRES DU FONDATEUR DE L'USINE DE CANÉJAN, OU SOIT L'ESTAMPILLE DE SES PRODUITS.

Marque de la brique :

USINE DE CANÉJAN
V. D.
BORDEAUX (Gironde)

Marque des creusets :

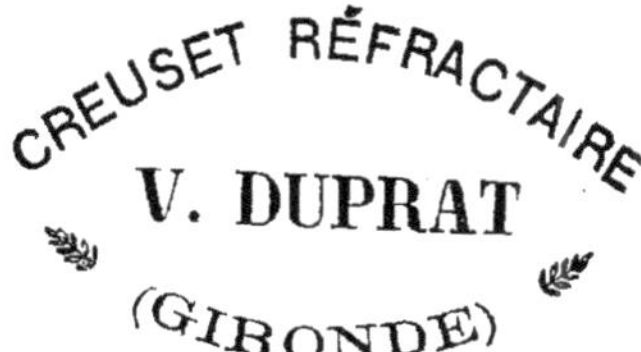

DÉPOT PROVISOIRE

13, rue Victoire-Américaine, Bordeaux.

www.ingramcontent.com/pod-product-compliance
Ingram Content Group UK Ltd.
Pitfield, Milton Keynes, MK11 3LW, UK
UKHW022157260726
13993UKWH00005B/2423

9 782019 990961